Jean-Baptiste Poquelin
MOLIÈRE

LE MÉDECIN VOLANT

Comédie

(1819)

Acteurs

Valère, amant de Lucile.
Sabine, cousine de Lucile.
Sganarelle, valet de Valère.
Gorgibus, père de Lucile.
Gros-René, valet de Gorgibus.
Lucile, fille de Gorgibus.
Un avocat.

Copyright © 2021 Jean-Baptiste Poquelin dit MOLIÈRE (domaine public)
Édition : BoD – Books on Demand, 12/14 rond-point des Champs-Élysées, 75008 Paris.
Impression : BoD - Books on Demand, Norderstedt, Allemagne.
ISBN : 9782810627233
Dépôt légal : Juin 2021
Tous droits réservés

Scène I

Valère, Sabine

Valère
Hé bien ! Sabine, quel conseil me donneras-tu ?

Sabine
Vraiment, il y a bien des nouvelles. Mon oncle veut résolument que ma cousine épouse Villebrequin, et les affaires sont tellement avancées que je crois qu'ils eussent été mariés dès aujourd'hui, si vous n'étiez aimé ; mais comme ma cousine m'a confié le secret de l'amour qu'elle vous porte, et que nous nous sommes vues à l'extrémité par l'avarice de mon vilain oncle, nous nous sommes avisées d'une bonne invention pour différer le mariage. C'est que ma cousine, dès l'heure que je vous parle, contrefait la malade ; et le bon vieillard, qui est assez crédule, m'envoie quérir un médecin. Si vous en pouviez envoyer quelqu'un qui fût de vos bons amis, et qui fût de notre intelligence, il conseillerait à la malade de prendre l'air à la campagne. Le bonhomme ne manquera pas de faire loger ma cousine à ce pavillon qui est au bout de notre jardin, et par ce moyen vous pourriez l'entretenir à l'insu de notre vieillard, l'épouser, et le laisser pester tout son soûl avec Villebrequin.

Valère
Mais le moyen de trouver sitôt un médecin à ma poste, et qui voulût tant hasarder pour mon service ? Je te le dis franchement, je n'en connais pas un.

Sabine
Je songe une chose : si vous faisiez habiller votre valet en médecin ? Il n'y a rien de si facile à duper que le bonhomme.

Valère
C'est un lourdaud qui gâtera tout ; mais il faut s'en servir faute d'autre. Adieu, je le vais chercher. Où diable trouver ce maroufle à présent ? Mais le voici tout à propos.

Scène II

Valère, Sganarelle

Sabine
Ah ! mon pauvre Sganarelle, que j'ai de joie de te voir ! J'ai besoin de toi dans une affaire de conséquence ; mais, comme que je ne sais pas ce que tu sais faire…

Sganarelle
Ce que je sais faire, Monsieur ? Employez-moi seulement en vos affaires de conséquence, en quelque chose d'importance : par exemple, envoyez-moi voir quelle heure il est à une horloge, voir combien le beurre vaut au marché, abreuver un cheval ; c'est alors que vous connaîtrez ce que je sais faire.

Valère
Ce n'est pas cela : c'est qu'il faut que tu contrefasses le médecin.

Sganarelle
Moi, médecin, Monsieur ! Je suis prêt à faire tout ce qu'il vous plaira ; mais pour faire le médecin, je suis assez votre serviteur pour n'en rien faire du tout ; et par quel bout m'y prendre, bon Dieu ? Ma foi ! Monsieur, vous vous moquez de moi.

Valère
Si tu veux entreprendre cela, va, je te donnerai dix pistoles.

Sganarelle
Ah ! pour dix pistoles, je ne dis pas que je ne sois médecin ; car, voyez-vous bien, Monsieur ? je n'ai pas l'esprit tant, tant subtil, pour vous dire la vérité ; mais, quand je serai médecin, où irai-je ?

Valère
Chez le bonhomme Gorgibus, voir sa fille, qui est malade ; mais tu es un lourdaud qui, au lieu de bien faire, pourrais bien…

Sganarelle
Hé ! mon Dieu, Monsieur, ne soyez point en peine ; je vous réponds que je ferai aussi bien mourir une personne qu'aucun médecin qui soit dans la ville. On dit un proverbe, d'ordinaire : *Après la mort le médecin* ; mais vous verrez que, si je m'en mêle, on dira : *Après le médecin, gare la mort !* Mais néanmoins, quand je songe, cela est bien difficile de faire le médecin ; et si je ne fais rien qui vaille… ?

Valère
Il n'y a rien de si facile en cette rencontre : Gorgibus est un homme simple, grossier, qui se laissera étourdir de ton discours, pourvu que tu parles d'Hippocrate et de Galien, et que tu sois un peu effronté.

Sganarelle
C'est-à-dire qu'il lui faudra parler philosophie, mathématique. Laissez-moi faire ; s'il est un homme facile, comme vous le dites, je vous réponds de tout ; venez seulement me faire avoir un habit de médecin, et m'instruire de ce qu'il faut faire, et me donner mes licences, qui sont les dix pistoles promises.

Scène III

Gorgibus, Gros-René

Gorgibus
Allez vitement chercher un médecin ; car ma fille est bien malade, et dépêchez-vous.

Gros-René
Que diable aussi ! pourquoi vouloir donner votre fille à un vieillard ? Croyez-vous que ce ne soit pas le désir qu'elle a d'avoir un jeune homme qui la travaille ? Voyez-vous la connexité qu'il y a, etc. *(Galimatias)*.

Gorgibus
Va-t'en vite : je vois bien que cette maladie-là reculera bien les noces.

Gros-René
Et c'est ce qui me fait enrager : je croyais refaire mon ventre d'une bonne carrelure, et m'en voilà sevré. Je m'en vais chercher un médecin pour moi aussi bien que pour votre fille ; je suis désespéré.

Scène IV

Sabine, Gorgibus, Sganarelle

Sabine
Je vous trouve à propos, mon oncle, pour vous apprendre une bonne nouvelle. Je vous amène le plus habile médecin du monde, un homme qui vient des pays étrangers, qui sait les plus beaux secrets, et qui sans doute guérira ma cousine. On me l'a indiqué par bonheur, et je vous l'amène. Il est si savant que je voudrais de bon coeur être malade, afin qu'il me guérît.

Gorgibus
Où est-il donc ?

Sabine
Le voilà qui me suit ; tenez, le voilà.

Gorgibus
Très-humble serviteur à Monsieur le médecin ! Je vous envoie quérir pour voir ma fille, qui est malade ; je mets toute mon espérance en vous.

Sganarelle
Hippocrate dit, et Galien par vives raisons persuade qu'une personne ne se porte pas bien quand elle est malade. Vous avez raison de mettre votre espérance en moi ; car je suis le plus grand, le plus habile, le plus docte médecin qui soit dans la faculté végétale, sensitive et minérale.

Gorgibus
J'en suis fort ravi.

Sganarelle
Ne vous imaginez pas que je sois un médecin ordinaire, un médecin du commun. Tous les autres médecins ne sont, à mon égard, que des avortons de médecine. J'ai des talents particuliers, j'ai des secrets. *Salamalec, salamalec.* » Rodrigue, as-tu du coeur ? » *Signor, si ; segnor, non. Per omnia saecula saeculorum.* Mais encore voyons un peu.

Sabine
Hé ! ce n'est pas lui qui est malade, c'est sa fille.

Sganarelle
Il n'importe : le sang du père et de la fille ne sont qu'une même chose ; et par l'altération de celui du père, je puis connaître la maladie de la fille. Monsieur Gorgibus, y aurait moyen de voir de l'urine de l'égrotante ?

Gorgibus
Oui-da ; Sabine, vite allez quérir de l'urine de ma fille. Monsieur le médecin, j'ai grand'peur qu'elle ne meure.

Sganarelle

Ah ! qu'elle s'en garde bien ! il ne faut pas qu'elle s'amuse à se laisser mourir sans l'ordonnance du médecin. Voilà de l'urine qui marque grande chaleur, grande inflammation dans les intestins : elle n'est pas tant mauvaise pourtant.

Gorgibus

Hé quoi ? Monsieur, vous l'avalez ?

Sganarelle

Ne vous étonnez pas de cela ; les médecins, d'ordinaire, se contentent de la regarder ; mais moi, qui suis un médecin hors du commun, je l'avale, parce qu'avec le goût je discerne bien mieux la cause et les suites de la maladie. Mais, à vous dire la vérité, il y en avait trop peu pour asseoir un bon jugement : qu'on la fasse encore pisser.

Sabine

J'ai bien eu de la peine à la faire pisser.

Sganarelle

Que cela ? voilà bien de quoi ! Faites-la pisser copieusement, copieusement. Si tous les malades pissent de la sorte, je veux être médecin toute ma vie.

Sabine

Voilà tout ce qu'on peut avoir : elle ne peut pas pisser davantage.

Sganarelle

Quoi ? Monsieur Gorgibus, votre fille ne pisse que des gouttes ! voilà une pauvre pisseuse que votre fille ; je vois bien qu'il faudra que je lui ordonne une potion pissative. N'y aurait pas moyen de voir la malade ?

Sabine

Elle est levée ; si vous voulez, je la ferai venir.

Scène V

Lucile, Sabine, Gorgibus, Sganarelle

Sganarelle
Hé bien ! Mademoiselle, vous êtes malade ?

Lucile
Oui, Monsieur.

Sganarelle
Tant pis ! c'est une marque que vous ne vous portez pas bien. Sentez-vous de grandes douleurs à la tête, aux reins ?

Lucile
Oui, Monsieur.

Sganarelle
C'est fort bien fait. Oui, ce grand médecin, au chapitre qu'il a fait de la nature des animaux, dit… cent belles choses ; et comme les humeurs qui ont de la connexité ont beaucoup de rapport ; car, par exemple, comme la mélancolie est ennemie de la joie, et que la bile qui se répand par le corps nous fait devenir jaunes, et qu'il n'est rien plus contraire à la santé que la maladie, nous pouvons dire, avec ce grand homme, que votre fille est fort malade. Il faut que je vous fasse une ordonnance.

Gorgibus
Vite une table, du papier, de l'encre.

Sganarelle
Y a-t-il ici quelqu'un qui sache écrire ?

Gorgibus

Est-ce que vous ne le savez point ?

Sganarelle
Ah ! je ne m'en souvenais pas ; j'ai tant d'affaires dans la tête, que j'oublie la moitié...
– Je crois qu'il serait nécessaire que votre fille prît un peu l'air, qu'elle se divertît à la campagne.

Gorgibus
Nous avons un fort beau jardin, et quelques chambres qui y répondent ; si vous le trouvez à propos, je l'y ferai loger.

Sganarelle
Allons, allons visiter les lieux.

Scène VI

L'Avocat
J'ai ouï dire que la fille de M. Gorgibus était malade : il faut que je m'informe de sa santé, et que je lui offre mes services comme ami de toute sa famille. Holà ! holà ! M. Gorgibus y est-il ?

Scène VII

Gorgibus, L'Avocat

Gorgibus
Monsieur, votre très-humble, etc.

L'Avocat
Ayant appris la maladie de Mademoiselle votre fille, je vous suis venu témoigner la part que j'y prends, et vous faire offre de tout ce qui dépend de moi.

Gorgibus
J'étais là dedans avec le plus savant homme.

L'Avocat
N'y aurait pas moyen de l'entretenir un moment ?

Scène VIII

Gorgibus, L'Avocat, Sganarelle

Gorgibus
Monsieur, voilà un fort habile homme de mes amis qui souhaiterait de vous parler et vous entretenir.

Sganarelle
Je n'ai pas le loisir, monsieur Gorgibus : il faut aller à mes malades. Je ne prendrai pas la droite avec vous, Monsieur.

L'Avocat
Monsieur, après ce que m'a dit M. Gorgibus de votre mérite et de votre savoir, j'ai eu la plus grande passion du monde d'avoir l'honneur de votre connaissance, et j'ai pris la liberté de vous saluer à ce dessein : je crois que vous ne le trouverez pas mauvais. Il faut avouer que tous ceux qui excellent en quelque science sont dignes de grande louange, et particulièrement ceux qui font profession de la médecine, tant à cause de son utilité, que parce qu'elle contient en elle plusieurs autres sciences, ce qui rend sa parfaite connaissance fort difficile ; et c'est fort à propos qu'Hippocrate dit dans son premier aphorisme : *Vita brevis, ars vero longa, occasio autem praeceps, experimentum periculosum, judicium difficile.*

Sganarelle, *à Gorgibus.*
Ficile tantina pota baril cambustibus.

L'Avocat
Vous n'êtes pas de ces médecins qui ne vous appliquez qu'à la médecine qu'on appelle rationale ou dogmatique, et je crois que vous l'exercez tous les jours avec beaucoup de succès : *experientia magistra rerum.* Les premiers hommes qui firent profession de la médecine furent tellement estimés d'avoir cette belle science, qu'on les mit au nombre des Dieux pour les belles cures qu'ils faisaient tous les jours. Ce n'est pas qu'on doive mépriser un médecin qui aurait pas rendu la santé à son malade, parce qu'elle ne dépend pas absolument de ses remèdes, ni de son savoir :
Interdum docta plus valet arte malum.
Monsieur, j'ai peur de vous être importun : je prends congé de vous, dans l'espérance que j'ai qu'à la première vue j'aurai l'honneur de converser avec vous avec plus de loisir. Vos heures vous sont précieuses, etc. *(Il sort).*

Gorgibus
Que vous semble de cet homme-là ?

Sganarelle
Il sait quelque petite chose. S'il fût demeuré tant soit peu davantage, je l'allais mettre sur une matière sublime et relevée. Cependant, je prends congé de vous. *(Gorgibus lui donne de l'argent)*. Hé ! que voulez-vous faire ?

Gorgibus
Je sais bien ce que je vous dois.

Sganarelle
Vous vous moquez, monsieur Gorgibus. Je n'en prendrai pas, je ne suis pas un homme mercenaire. *(Il prend l'argent)*. Votre très-humble serviteur. *(Sganarelle sort et Gorgibus rentre dans sa maison)*.

Scène IX

Valère
Je ne sais ce qu'aura fait Sganarelle : je n'ai point eu de ses nouvelles, et je suis fort en peine où je le pourrais rencontrer. *(Sganarelle revient en habit de valet)* Mais bon, le voici. Hé bien ! Sganarelle, qu'as-tu fait depuis que je ne t'ai point vu ?

Scène X

Sganarelle, Valère

Sganarelle
Merveille sur merveille : j'ai si bien fait que Gorgibus me prend pour un habile médecin. Je me suis introduit chez lui, et lui ai conseillé de faire prendre l'air à sa fille, laquelle est à présent dans un appartement qui est au bout de leur jardin, tellement qu'elle est fort éloignée du vieillard, et que vous pouvez l'aller voir commodément.

Valère
Ah ! que tu me donnes de joie ! Sans perdre de temps, je la vais trouver de ce pas.

Sganarelle
Il faut avouer que ce bonhomme Gorgibus est un vrai lourdaud de se laisser tromper de la sorte. *(Apercevant Gorgibus)* Ah ! ma foi, tout est perdu : c'est à ce coup que voilà la médecine renversée, mais il faut que je le trompe.

Scène XI

Sganarelle, Gorgibus

Gorgibus
Bonjour, Monsieur.

Sganarelle
Monsieur, votre serviteur. Vous voyez un pauvre garçon au désespoir ; ne connaissez-vous pas un médecin qui est arrivé depuis peu en cette ville, qui fait des cures admirables ?

Gorgibus
Oui, je le connais : il vient de sortir de chez moi.

Sganarelle
Je suis son frère, monsieur ; nous sommes gémeaux ; et comme nous nous ressemblons fort, on nous prend quelquefois l'un pour l'autre.

Gorgibus
Je [me] dédonne au diable si je n'y ai été trompé. Et comme vous nommez-vous ?

Sganarelle
Narcisse, Monsieur, pour vous rendre service. Il faut que vous sachiez qu'étant dans son cabinet, j'ai répandu deux fioles d'essence qui étaient sur le bout de sa table ; aussitôt il s'est mis dans une colère si étrange contre moi, qu'il m'a mis hors du logis, et ne me veut plus jamais voir, tellement que je suis un pauvre garçon à présent sans appui, sans support, sans aucune connaissance.

Gorgibus
Allez, je ferai votre paix : je suis de ses amis, et je vous promets de vous remettre avec lui. Je lui parlerai d'abord que je le verrai.

Sganarelle
Je vous serai bien obligé, monsieur Gorgibus *(Sganarelle sort et rentre aussitôt avec sa robe de médecin).*

Scène XII

Sganarelle, Gorgibus

Sganarelle
Il faut avouer que, quand les malades ne veulent pas suivre l'avis du médecin, et qu'ils s'abandonnent à la débauche que…

Gorgibus
Monsieur le Médecin, votre très-humble serviteur. Je vous demande une grâce.

Sganarelle
Qu'y a-t-il, Monsieur ? est-il question de vous rendre service ?

Gorgibus
Monsieur, je viens de rencontrer Monsieur votre frère, qui est tout à fait fâché de…

Sganarelle
C'est un coquin, monsieur Gorgibus.

Gorgibus
Je vous réponds qu'il est tellement contrit de vous avoir mis en colère…

Sganarelle
C'est un ivrogne, monsieur Gorgibus.

Gorgibus
Hé ! Monsieur, vous voulez désespérer ce pauvre garçon ?

Sganarelle
Qu'on ne m'en parle plus ; mais voyez l'impudence de ce coquin-là, de vous aller trouver pour faire son accord ; je vous prie de ne m'en pas parler.

Gorgibus
Au nom de Dieu, Monsieur le Médecin ! et faites cela pour l'amour de moi. Si je suis capable de vous obliger en autre chose, je le ferai de bon coeur. Je m'y suis engagé, et…

Sganarelle
Vous m'en priez avec tant d'insistance que, quoique j'eusse fait serment de ne lui pardonner jamais, allez, touchez là : je lui pardonne. Je vous assure que je me fais grande violence, et qu'il faut que j'aie bien de la complaisance pour vous. Adieu, monsieur Gorgibus.

Gorgibus
Monsieur, votre très-humble serviteur ; je m'en vais chercher ce pauvre garçon pour lui apprendre cette bonne nouvelle.

Scène XIII

Valère, Sganarelle

Valère
Il faut que j'avoue que je n'eusse jamais cru que Sganarelle se fût si bien acquitté de son devoir. *(Sganarelle rentre avec ses habits de valet)* Ah ! mon pauvre garçon, que je t'ai d'obligation ! que j'ai de joie ! et que…

Sganarelle
Ma foi, vous parlez fort à votre aise. Gorgibus m'a rencontré ; et sans une invention que j'ai trouvée, toute la mèche était découverte. Mais fuyez-vous-en, le voici.

Scène XIV

Gorgibus, Sganarelle

Gorgibus
Je vous cherchais partout pour vous dire que j'ai parlé à votre frère : il m'a assuré qu'il vous pardonnait ; mais, pour en être plus assuré, je veux qu'il vous embrasse en ma présence ; entrez dans mon logis, et je l'irai chercher.

Sganarelle
Ah ! Monsieur Gorgibus, je ne crois pas que vous le trouviez à présent ; et puis je ne resterai pas chez vous ; je crains trop sa colère.

Gorgibus
Ah ! vous demeurerez, car je vous enfermerai. Je m'en vais à présent chercher votre frère : ne craignez rien, je vous réponds qu'il n'est plus fâché. *(Il sort.)*

Sganarelle, *de la fenêtre.*
Ma foi, me voilà attrapé ce coup-là ; il n'y a plus moyen de m'en échapper. Le nuage est fort épais, et j'ai bien peur que, s'il vient à crever, il ne grêle sur mon dos force coups de bâton, ou que, par quelque ordonnance plus forte que toutes celles des médecins, on m'applique tout au moins un cautère royal sur les épaules. Mes affaires vont mal ; mais pourquoi se désespérer ? Puisque j'ai tant fait, poussons la fourbe jusques au bout. Oui, oui, il en faut encore sortir, et faire voir que Sganarelle est le roi des fourbes. *(Il saute de la fenêtre et s'en va.)*

Scène XV

Gros-René, Gorgibus, Sganarelle

Gros-René
Ah ! ma foi, voilà qui est drôle ! comme diable on saute ici par les fenêtres ! Il faut que je demeure ici, et que je voie à quoi tout cela aboutira.

Gorgibus
Je ne saurais trouver ce médecin ; je ne sais où diable il s'est caché. *(Apercevant Sganarelle qui revient en habit de médecin.)* Mais le voici. Monsieur, ce n'est pas assez d'avoir pardonné à votre frère ; je vous prie, pour ma satisfaction, de l'embrasser : il est chez moi, et je vous cherchais partout pour vous prier de faire cet accord en ma présence.

Sganarelle
Vous vous moquez, monsieur Gorgibus : n'est-ce pas assez que je lui pardonne ? Je ne le veux jamais voir.

Gorgibus
Mais, Monsieur, pour l'amour de moi.

Sganarelle
Je ne vous saurais rien refuser : dites-lui qu'il descende.
(Pendant que Gorgibus rentre dans sa maison par la porte, Sganarelle y rentre par la fenêtre.)

Gorgibus, *à la fenêtre.*
Voilà votre frère qui vous attend là-bas : il m'a promis qu'il fera tout ce que je voudrai.

Sganarelle, *à la fenêtre.*
Monsieur Gorgibus, je vous prie de le faire venir ici : je vous conjure que ce soit en particulier que je lui demande pardon, parce que sans doute il me ferait cent hontes et cent opprobres devant tout le monde. *(Gorgibus sort de sa maison par la porte, et Sganarelle par la fenêtre.)*

Gorgibus
Oui-da, je m'en vais lui dire. Monsieur, il dit qu'il est honteux, et qu'il vous prie d'entrer, afin qu'il vous demande pardon en particulier. Voilà la clef, vous pouvez entrer ; je vous supplie de ne me pas refuser et de me donner ce contentement.

Sganarelle
Il n'y a rien que je ne fasse pour votre satisfaction : vous allez entendre de quelle manière je le vais traiter. *(À la fenêtre)*. Ah ! te voilà, coquin. – Monsieur mon frère, je vous demande pardon, je vous promets qu'il n'y a point de ma faute. – Il n'y a point de ta faute, pilier de débauche, coquin ? Va, je t'apprendrai à vivre. Avoir la hardiesse d'importuner M. Gorgibus, de lui rompre la tête de tes sottises ! – Monsieur mon frère… – Tais-toi, te dis-je. – Je ne vous désoblig… – Tais-toi, coquin.

Gros-René
Qui diable pensez-vous qui soit chez vous à présent ?

Gorgibus
C'est le médecin et Narcisse son frère ; ils avaient quelque différend, et ils font leur accord.

Gros-René
Le diable emporte ! ils ne sont qu'un.

Sganarelle, *à la fenêtre.*
Ivrogne que tu es, je t'apprendrai à vivre. Comme il baisse la vue ! il voit bien qu'il a failli, le pendard. Ah ! l'hypocrite, comme il fait le bon apôtre !

Gros-René
Monsieur, dites-lui un peu par plaisir qu'il fasse mettre son frère à la fenêtre.

Gorgibus
Oui-da, Monsieur le Médecin, je vous prie de faire paraître votre frère à la fenêtre.

Sganarelle, *de la fenêtre.*
Il est indigne de la vue des gens d'honneur, et puis je ne le saurais souffrir auprès de moi.

Gorgibus
Monsieur, ne me refusez pas cette grâce, après toutes celles que vous m'avez faites.

Sganarelle, *de la fenêtre.*
En vérité, Monsieur Gorgibus, vous avez un tel pouvoir sur moi que je ne vous puis rien refuser. Montre, montre-toi, coquin. *(Après avoir disparu un moment, il se remontre en habit de valet).* – Monsieur Gorgibus, je suis votre obligé. – *(Il disparaît encore, et reparaît aussitôt en robe de médecin)* Hé bien ! avez-vous vu cette image de la débauche ?

Gros-René
Ma foi, ils ne sont qu'un, et, pour vous le prouver, dites-lui un peu que vous les voulez voir ensemble.

Gorgibus
Mais faites-moi la grâce de le faire paraître avec vous, et de l'embrasser devant moi à la fenêtre.

Sganarelle, *de la fenêtre.*
C'est une chose que je refuserais à tout autre qu'à vous : mais pour vous montrer que je veux tout faire pour l'amour de vous, je m'y résous, quoique avec peine, et veux auparavant qu'il vous demande pardon de toutes les peines qu'il vous a données. – Oui, Monsieur Gorgibus, je vous demande pardon de vous avoir tant importuné, et vous promets, mon frère, en présence de M. Gorgibus que voilà, de faire si bien désormais, que vous n'aurez plus lieu de vous plaindre, vous priant de ne plus songer à ce qui s'est passé. *(Il embrasse son chapeau et sa fraise qu'il a mis au bout de son coude.)*

Gorgibus

Hé bien ! ne les voilà pas tous deux ?

Gros-René
Ah ! par ma foi, il est sorcier.

Sganarelle, *sortant de la maison, en médecin.*
Monsieur, voilà la clef de votre maison que je vous rends ; je n'ai pas voulu que ce coquin soit descendu avec moi, parce qu'il me fait honte : je ne voudrais pas qu'on le vît en ma compagnie dans la ville, où je suis en quelque réputation. Vous irez le faire sortir quand bon vous semblera. Je vous donne le bonjour, et suis votre, etc. *(Il feint de s'en aller, et, après avoir mis bas sa robe, rentre dans la maison par la fenêtre).*

Gorgibus
Il faut que j'aille délivrer ce pauvre garçon ; en vérité, s'il lui a pardonné, ce n'a pas été sans le bien maltraiter. *(Il entre dans sa maison, et en sort avec Sganarelle, en habit de valet).*

Sganarelle
Monsieur, je vous remercie de la peine que vous avez prise et de la bonté que vous avez eue : je vous en serai obligé toute ma vie.

Gros-René
Où pensez-vous que soit à présent le médecin ?

Gorgibus
Il s'en est allé.

Gros-René, *qui a ramassé la robe de Sganarelle.*
Je le tiens sous mon bras. Voilà le coquin qui faisait le médecin, et qui vous trompe. Cependant qu'il vous trompe et joue la farce chez vous, Valère et votre fille sont ensemble, qui s'en vont à tous les diables.

Gorgibus
Ah ! que je suis malheureux ! mais tu seras pendu, fourbe, coquin.

Sganarelle
Monsieur, qu'allez-vous faire de me pendre ? Écoutez un mot, s'il vous plaît : il est vrai que c'est par mon invention que mon maître est avec votre fille ; mais en le servant, je ne vous ai point désobligé : c'est un parti sortable pour elle, tant pour la naissance que pour les biens. Croyez-moi, ne faites point un vacarme qui tournerait à votre confusion, et envoyez à tous les diables ce coquin-là, avec Villebrequin. Mais voici nos amants.

Scène dernière

Valère, Lucile, Gorgibus, Sganarelle

Sganarelle
Nous nous jetons à vos pieds.

Gorgibus
Je vous pardonne, et suis heureusement trompé par Sganarelle, ayant un si brave gendre. Allons tous faire noces, et boire à la santé de toute la compagnie.

FIN